喝（ㄏㄜ）掉（ㄉㄠˋ）！ 喝（ㄏㄜ）掉（ㄉㄠˋ）！

蔡明昌／文　鄭郁欣／圖

U0114401

娜娜坐在餐桌前， 看到吊在桌子上方的燈倒映在杯子的水裡。

杯ㄟ子ㄗ裡ㄌㄧ的ㄉㄜ燈ㄉㄥ， 晃ㄏㄨㄤ啊ㄚ晃ㄏㄨㄤ！ 晃ㄏㄨㄤ啊ㄚ晃ㄏㄨㄤ！

　　娜ㄋㄚˋ娜ㄋㄚˋ把ㄅㄚˇ杯ㄅㄟ子ㄗ拿ㄋㄚˊ了ㄌㄜ起ㄑㄧˇ來ㄌㄞˊ，咕ㄍㄨ嚕ㄌㄨ咕ㄍㄨ嚕ㄌㄨ將ㄐㄧㄤ杯ㄅㄟ子ㄗ裡ㄌㄧˇ的ㄉㄜ燈ㄉㄥ一ㄧ口ㄎㄡˇ「喝ㄏㄜ」下ㄒㄧㄚˋ去ㄑㄩˋ。

「喝」完了燈之後，她開心地說：「嗯！好喝！」

「　我ㄨㄛˇ要ㄧㄠˋ拿ㄋㄚˊ杯ㄅㄟ子ㄗ˙到ㄉㄠˋ處ㄔㄨˋ去ㄑㄩˋ喝ㄏㄜ！　」

「把ㄅㄚˇ所ㄙㄨㄛˇ有ㄧㄡˇ的ㄉㄜ˙東ㄉㄨㄥ西ㄒㄧ都ㄉㄡ喝ㄏㄜ到ㄉㄠˋ我ㄨㄛˇ的ㄉㄜ˙肚ㄉㄨˋ子ㄗ˙裡ㄌㄧˇ！」

　　娜娜跑到屋子外面拿
起杯子對著太陽，　開心地
說：「　我要把太陽喝掉！　」

「嗯ㄣ！　好ㄏㄠ喝ㄏㄜ！　」

接著，她拿起杯子對著白雲，開心地說：「我要把白雲喝掉！」

「嗯ㄣ！ 好ㄏㄠˇ喝ㄏㄜ！ 」

再來，她趴在地上將杯子對著小花，開心地說：「我要把小花喝掉！」

「嗯！好喝！」

15

「哇！樹上有很多麻雀。」

「這麼多隻麻雀，我該先『喝』哪一隻呢？」

「 要ㄧㄠˋ先ㄒㄧㄢ 『 喝ㄏㄜ 』 這ㄓㄜˋ一ㄧˋ隻ㄓ ？
還ㄏㄞˊ是ㄕˋ 『 喝ㄏㄜ 』 那ㄋㄚˋ一ㄧˋ隻ㄓ呢ㄋㄜ ？ 」

「就挑最小的這一隻吧！來，我來喝掉牠！」娜娜說。

「糟了！ 牠飛走了！ 」

「回來！回來！不要飛走啊！我還沒有把你喝掉耶！」娜娜著急地揮揮手。

小ᵀⁱᵃᵒ 麻ᴹᵃ 雀ᵠᵘᵉ 飛ᶠᵉⁱ 啊ᵃ 飛ᶠᵉⁱ！飛ᶠᵉⁱ 啊ᵃ 飛ᶠᵉⁱ！

追著、追著，穿過了屋後的巷子。

追_{ㄓㄨㄟ}過_{ㄍㄨㄛ}了_{ㄌㄜ}池_ㄔ塘_{ㄊㄤ}的_{ㄉㄜ}小_{ㄒㄧㄠ}橋_{ㄑㄧㄠ}。

過橋後轉過身來， 唉唷！
娜娜跌倒了。

杯子裡的水全部
倒進了池塘裡。

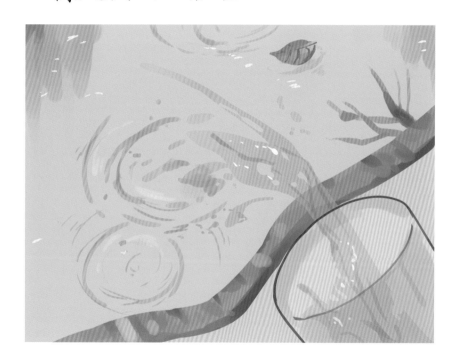

娜ㄋㄚˊ娜ㄋㄚˋ 覺ㄐㄩㄝˊ 得ㄉㄜ˙ 很ㄏㄣˇ 難ㄋㄢˊ 過ㄍㄨㄛˋ，
哭ㄎㄨ 了ㄌㄜ˙ 起ㄑㄧˇ 來ㄌㄞˊ。

29

眼淚一滴一滴，滴進了池塘裡，變成一圈一圈的水波。

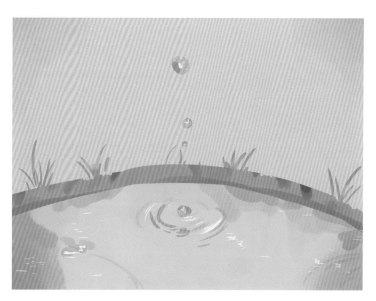

但是突然間，她不哭了，看著池塘反而笑了起來。

「哇，池塘好像一個超大的水杯喔！」

32

「太陽和大樹都在這超大的杯子裡，連停在樹上的小麻雀也是！」

娜娜開心地笑著說：「這樣我就可以一口氣把太陽、大樹和小麻雀一起喝掉耶！」

咕嚕

這_{ㄓㄜˋ}時_{ㄕˊ}天_{ㄊㄧㄢ}空_{ㄎㄨㄥ}突_{ㄊㄨˊ}然_{ㄖㄢˊ}飄_{ㄆㄧㄠ}來_{ㄌㄞˊ}好_{ㄏㄠˇ}幾_{ㄐㄧˇ}片_{ㄆㄧㄢˋ}的_{ㄉㄜ˙}烏_ㄨ雲_{ㄩㄣˊ}。

不只把太陽遮住， 更
滴滴答答地下起了雨。

娜娜看了好傷心，難過地說：「都不見了，我要怎麼喝呢？」

風伯伯好像娜娜，伯伯聽見了娜娜的聲音，吹了口氣把烏雲趕走，讓太陽從烏雲的背後露出臉來，灑滿了一地的金黃。

「哇！天空有彩虹，好美喔！」娜娜用手指著彩虹，不但不再難過了，還笑得非常開心。

看著彩虹，她突然用舌頭舔了舔嘴唇說：「池塘裡也有彩虹，好像彩虹棒棒糖，看起來好好吃！」

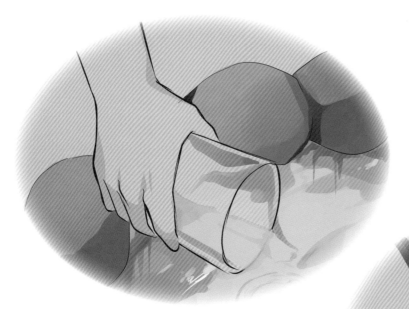

說完後蹲了下來拿起杯子舀了一杯池塘裡的水。

舀起水之後，娜娜慢慢地站了起來舉起杯子，將彩虹「裝」在杯子裡面。

「我要在彩虹還沒有消失之前，將彩虹帶回家給媽媽『喝』！」娜娜開心地說。

就這樣娜娜開心地哼著歌，踏著輕快的腳步，滿心歡喜地用杯子將彩虹帶了回家。

兒童繪本　02

喝掉！喝掉！

作　　　　者：蔡明昌
繪　　　　者：鄭郁欣
美　　　編：塗宇樵
執 行 編 輯：塗宇樵
出　版　者：少年兒童出版社
發　　　行：少年兒童出版社
地　　　址：臺北市中正區重慶南路1段121號8樓14
電　　　話：（02）2331-1675或（02）2331-1691
傳　　　真：（02）2382-6225
E—M A I L：books5w@gmail.com、books5w@yahoo.com.tw
網 路 書 店：http://bookstv.com.tw/
　　　　　　http://store.pchome.com.tw/yesbooks/
　　　　　　博客來網路書店、博客思網路書店、
　　　　　　三民書局、金石堂書店
總 經　銷：聯合發行股份有限公司
電　　　話：（02）2917-8022　　傳真：（02）2915-7212
劃撥戶名：蘭臺出版社　帳號：18995335
香 港 代 理：香港聯合零售有限公司
地　　　址：香港新界大蒲汀麗路36號中華商務印刷大樓
　　　　　　C&C Building, #36, Ting Lai Road, Tai Po, New Territories,
HK
電　　　話：（852）2150-2100　　傳真：（852）2356-0735
經　銷　商：廈門外圖集團有限公司
地　　　址：廈門市湖里區悅華路8號4樓
電　　　話：86-592-2230177
傳　　　真：86-592-5365089
出 版 日 期：2018年12月 初版
定　　　價：新臺幣250元整（精裝）
I S B N：978-986-97136-0-3